La ira

COLECCIÓN FRAGMENTOS
SERIE PECADOS CAPITALES

Oriol Quintana, *La pereza.*

Marina Porras, *La envidia.*

Oriol Ponsatí-Murlà, *La avaricia.*

Adrià Pujol Cruells, *La gula.*

Anna Punsoda, *La lujuria.*

Jordi Graupera, *La soberbia.*

Raül Garrigasait, *La ira.*

Raül Garrigasait

LA IRA

Traducción del catalán
RUBÉN MARTÍN GIRÁLDEZ

FRAGMENTA EDITORIAL

Título original	*La ira*
Publicado por	FRAGMENTA EDITORIAL Plaça del Nord, 4 08024 Barcelona www.fragmenta.es fragmenta@fragmenta.es
Colección	FRAGMENTOS, 65
Serie	PECADOS CAPITALES
Primera edición	FEBRERO DEL 2020
Dirección editorial	IGNASI MORETA
Producción gràfica	IRIS PARRA JOUNOU
Diseño de cubierta	ELISENDA SEVILLA I ALTÉS
Imagen de la cubierta	Letra capitular procedente de Giulio Roscio, *Icones operum misericordiæ,* Bartholomæ y Grassii, Roma, 1586
Impresión y encuadernación	ROMANYÀ VALLS, S.A.
© 2020	RAÜL GARRIGASAIT por el texto
© 2020	RUBÉN MARTÍN GIRÁLDEZ por la traducción del catalán
© 2020	FRAGMENTA EDITORIAL, S.L.U. por esta edición
Depósito legal	B. 3.877-2020 ISBN 978-84-17796-31-0

Con la colaboración del Departament de Cultura de la Generalitat de Catalunya

RESERVADOS TODOS LOS DERECHOS

PRINTED IN SPAIN

ÍNDICE

I	Un alzamiento	7
II	La primera pasión de Europa	11
III	Aplastar a la bestia	25
IV	La pasión del fin del mundo	37
V	La ira amiga	59

I

UN ALZAMIENTO

Me tiemblan los labios, se me hinchan las venas, se me desfigura la cara; se me vuelve la mirada cortante como un cuchillo y levanto la voz y se me enronquece o me pongo a gritar. No sé de dónde, surge de mí una potencia inesperada que quiere hacer pagar algo a alguien. Estalla contra padres e hijos, contra conocidos y desconocidos; contra objetos, incluso. Parece una reacción puramente física, pero en el fondo hay una idea, un juicio, la sensación de haber sufrido una ofensa o haber presenciado una injusticia; quizás todo lo ha desencadenado un pensamiento. Puede prolongarse, convertirse en rencor sordo, reconcomerme por dentro o bien desvanecerse enseguida y dejar solo un recuerdo: he hecho el ridículo, o he cometido un error, o he cumplido mi deber.

Si no sois ángeles ni robots, a vosotros también os ha pasado. La ira es la pasión más vehemente: es como un alzamiento de todas nuestras potencialidades físicas y morales. Se forma en ese punto donde cuesta distinguir entre biología, convicciones y cultura transmitida; no se sabe si se alza un individuo único o bien toda la herencia de sus antepasados, si soy yo o bien es una cosa que viene de fuera o de muy arriba o de muy atrás. La ira tiene una historia honda y, aparentemente, un futuro esplendoroso. La tradición cristiana la ha considerado un pecado capital, pero la Biblia se la atribuye a la mismísima divinidad; los filósofos antiguos reflexionaron largamente sobre ello y la literatura griega se centra en este asunto en su primera narración. En cada uno de estos momentos hay pedazos de nuestro yo enfurecido. El pasado ha hecho a la ira tal y como es hoy, un fenómeno de muchas capas.

Por lo tanto, si queremos comprender algo, tenemos que echar la mirada atrás. Y no solo para satisfacer una curiosidad de anticuario: explorando la historia podemos encontrar huecos en la jaula de los tópicos inconscientes donde vivimos, o simplemente maneras distintas de vivir. Por eso, mirar atrás también es mirar adelante. Comencemos.

II

LA PRIMERA PASIÓN DE EUROPA

Todo comenzó con unos hombres orgullosos y susceptibles luchando en la guerra contra Troya. Todos ellos, sobre todo los más fuertes, sobre todo los más admirados, tenían lo que los griegos llamaban un gran *thymós*, una palabra de traducción difícil. El *thymós* era la vida, la fuerza, el deseo; pero era sobre todo la fuente de todos los impulsos vitales. Los buenos guerreros, los guerreros más excelentes, debían tener un gran ímpetu, y cuando entraban en combate los dominaba una furia destructiva que los acercaba a la gloria o los llevaba directamente a la muerte, y la muerte consistía en exhalar el *thymós* por la boca y quedar convertidos en cuerpos inertes, sin impulsos de ningún tipo. O ser un hombre que sabe enfurecerse para triunfar en el campo de batalla, o ser un cadáver: esta era la disyuntiva a la que se enfrentaban. A veces la palabra *thymós* también significaba 'ira'. Los mejores guerreros tenían que saber hacer nacer la ira en su interior. El mejor de los aqueos, Aquiles, era el más irascible de todos. Cuando le pedían que dominase su *thymós*, todavía se empecinaba más en su pasión, y terminaba pagándolo. Porque el *thymós* era una potencia ambivalente, causa de la gloria más alta y de la desolación más extrema. A pesar de saberlo, los héroes no podían renunciar a ella. Los quince mil versos de la *Ilíada*, crudos y llenos de bellezas que aún vuelven más cruda la guerra, giran en torno a esta vida problemática de los héroes, esta tensión que los hace admirables y temibles y desgraciados. Así arranca la literatura escrita en Europa.

El ímpetu, el furor, la rabia, la ira, el rencor, la indignación: el griego de la *Ilíada* cuenta con palabras para decir todas estas cosas, palabras que aparecen una y otra vez, casi en cada escena, y que no cubren nunca el mismo campo semántico que las nuestras. «¡La ira, canta, diosa, la ira maldita de Aquiles!», comienza el poeta, anunciando el tema de los miles de hexámetros por venir. Aquí, en la primera posición del verso y de la obra y de la literatura griega, el original dice *mênis*, una palabra solemne y no demasiado habitual que solo se aplica a los dioses; Aquiles es el único mortal dominado por la *mênis*, y eso ya lo eleva por encima del resto. Tan solo un gran héroe merece un poema como la *Ilíada*, pero el poema mismo recuerda de entrada que la pasión de este héroe conduce a la destrucción. Su ira maldita trajo «miles de sufrimientos» a los aqueos, envió al Hades las vidas de numerosos héroes, y dejó los cuerpos a merced de los perros y de las aves. Cadáveres insepultos, pudriéndose, devorados por los animales: para los griegos, y quizás para todas las demás culturas, no hay una imagen más espantosa. Aquiles, dominado por la ira, se retira del campo de batalla y deja que sus compañeros mueran como moscas, y no solo eso: hay tantos tirados por el campo de batalla que se los comen las fieras; se derrumba el principio más básico de la vida, que es el respeto a la muerte. Un cadáver sin incinerar o enterrar, en Grecia, es un desorden monstruoso que rompe la relación entre los dioses y los mortales; es una impureza que contamina y condena a toda la comunidad, como muestra la *Antígona* de Sófocles.

¿Qué es esta ira-*mênis* que resuena en el primer verso de la *Ilíada*? No es un arrebato de cólera que estalla un instante y desaparece sin dejar rastro, no. Los comentaristas antiguos lo parafraseaban como un rencor duradero o una irritación persistente. Fijémonos en el desencadenante del conflicto: Agamenón, el caudillo de los aqueos que han llegado para destruir Troya, se siente ofendido porque ha tenido que renunciar a una cautiva de guerra, y para resarcirse de este deshonor toma a la cautiva de Aquiles, Briseida. Las cautivas son mujeres, pero lo que más importa a Agamenón y a Aquiles es que también son botín, la materia de su honor de guerreros, que es la base de la gloria. El código heroico establece que los más valerosos tienen derecho al mejor botín, porque la excelencia ha de tener siempre recompensa. Es este principio el que da sentido a la guerra. La fatiga, el padecimiento, la visión de la sangre, todo eso está justificado porque los esfuerzos nunca son en vano: los mejores guerreros tendrán más botín y más honor y, una vez muertos, los poetas los celebrarán durante generaciones. Si los guerreros están dispuestos a aguantarlo todo es porque cuentan con estas dos certezas. Pero Agamenón, el caudillo de todos ellos, que tendría que garantizar más que nadie la vigencia del código heroico, es precisamente quien lo rompe y humilla a Aquiles. El problema no es que Agamenón sea más poderoso, sino que abusa de su posición de poder y viola la ley no escrita que legitima la jerarquía. Aquiles, cuando ve amenazado el botín, piensa en sacar la espada y atravesar a Agamenón allí mismo, pero la diosa Atenea, visible solo para él, baja del Olimpo, lo coge por la melena y lo detiene. Aquiles, por lo tanto, tiene una primera reacción de cólera, pero la *mênis* no es esto. Este arrebato previsible y efímero no tiene suficiente entidad para convertirse en el tema de uno de los poemas más impresionantes que se hayan escrito.

La ira-*mênis* es una cosa mucho más enrevesada y desoladora. Aquiles acepta la autoridad de Agamenón. Sabe que no puede impedir que le quite a Briseida, cautiva de bonitas mejillas y materialización de su honor. Pero no se resigna; delante de todos los guerreros lo llama borracho, cobarde y rey de inútiles, y le hace un juramento solemne: un día los aqueos añorarán a Aquiles, cuando mueran por miles por obra del troyano Héctor, y Agamenón se arrancará el *thymós* a tiras, encolerizado por no haber honrado al mejor de los aqueos. Aquiles no participará en la guerra;

se quedará en la tienda pese a que los troyanos vayan acorralando y exterminando a los aqueos. Se retirará tantos días como haga falta, hasta que Agamenón se vea obligado a rebajarse y suplicarle que vuelva, porque sin él los aqueos están perdidos. Ahora no se trata de un arrebato ni de un ataque de cólera, sino de un rencor cargado de paciencia que quiere hacer a pagar a Agamenón su arrogancia a costa de las vidas de sus compañeros. Esto es la ira-*mênis*: la base emocional de una tenebrosa operación de venganza que pretende restaurar el equilibrio del mundo aportando el sufrimiento que le falta.

El mecanismo es implacable. La ira de Aquiles despierta porque Agamenón ha abusado de su poder y ha infringido el código guerrero; en consecuencia, él deja de actuar en virtud de dicho código. La ira-*mênis* estalla por una ofensa concreta, pero hunde todo el sistema de principios que sostiene a la comunidad de guerreros. Aquiles llega a decir que la guerra ha dejado de tener sentido, porque lo mismo da ser fuerte y valeroso que ser un cobarde de la retaguardia. Proclama que quiere marcharse, aunque él sea imprescindible para ganar la guerra, aunque de esta manera se derrame en vano la sangre de todos sus compañeros. La guerra es inútil, me voy a casa, prefiero morir viejo y desconocido que joven y glorioso; si os quedáis en Troya es que sois idiotas: así razona ante sus compañeros el Aquiles dominado por la *mênis*.

Esta ira hace tambalearse las presuposiciones compartidas. El guerrero airado se distancia de los demás y les destroza los prejuicios, y de repente ve el mundo desde otro punto de vista. Una vez deshonrado, si el juego es este, él no juega. Hasta ahora ha vivido demasiado aferrado a las leyes de la guerra, se ha dejado vencer por la ingenuidad heroica; la ira lo libera de las redes del honor y la gloria. Constatación primera: la ira es la manera más fuerte y segura de decir no.

※

Pero la verdad es que Aquiles no se vuelve a casa. Su espíritu heroico no le permite aceptar realmente la idea de morir viejo y desconocido. El propio plan de la ira-*mênis,* la determinación de hacer pagar a Agamenón su ultraje, lo obliga a quedarse cerca de Troya. No puede evitar seguir con interés el desarrollo de la guerra. A fin de cuentas, todos los discursos antibélicos que pronuncia son una manera de hacer daño a Agamenón. Aun cuando parezca que abandona los principios del código heroico, no puede separarse del caudillo que lo ha ofendido. Continúa sometido a la economía del honor y el deshonor que gobierna las vidas de los guerreros. La misma naturaleza vengativa de la *mênis* le impide pronunciar un no rotundo.

Y es aquí donde empieza la tragedia, porque el cálculo de la *mênis* falla. Aquiles, que es prácticamente un adolescente, tiene un amigo mayor que él, Patroclo, con quien se crió, alguien que le daba consejos y que ahora le hace de escudero. Patroclo se ha retirado con Aquiles por fidelidad al amigo, pero no puede soportar la visión de sus compañeros muriendo como moscas. Entre lágrimas, pide permiso a Aquiles para entrar en combate y hacer retroceder a los troyanos, consigue su sí y se pone la armadura del héroe para asustar más a los enemigos. Patroclo avanza lleno de furor, llega a las puertas mismas de Troya y mata de una pedrada al auriga de Héctor; excitado por la sangre, no deja de luchar hasta que lo para la actuación conjunta de un dios y dos mortales: Apolo hace que se le caiga el casco, el joven Euforbo lo hiere por la espalda, Héctor lo atraviesa con una lanza.

Cuando Aquiles se entera tienen que agarrarle las manos para que no se corte el cuello: se acaba de dar cuenta de la verdadera naturaleza de la ira-*mênis*. Su retirada, el plan de humillar a Agamenón para hacerle pagar el ultraje, ha conducido a la muerte del amigo y la pérdida de sus armas. Ahora Aquiles exhorta a todos a olvidar el pasado y dominar la ira. Agamenón reconoce que lo habían cegado fuerzas divinas, le devuelve a la cautiva Briseida y le hace un montón de regalos valiosos. Aquiles constata que el conflicto no habría estallado si los dioses no hubiesen deseado su mal. Hablando así no minimizan los errores humanos, sino que los subrayan y hacen las paces. Así desaparece la ira-*mênis*.

Aquiles se había empeñado en su negativa, había declarado que el código guerrero dejaba de operar, pero en este punto se encuentra más encadenado que nunca al círculo de la violencia bélica. Nada justificaría que se quedase en la tienda ahora; tiene que salir, y con una furia destructiva sin igual, para vengarse de Héctor, y sabe que, si lo hace, él tampoco tardará en morir, porque su madre, la diosa Tetis, le ha contado que su destino es morir joven si no se aparta de la guerra. Cuando sale a vengar al amigo, sale a morir; cuando sale totalmente desolado, sale a conquistar la gloria futura, sale a protagonizar los cantos de los poetas venideros. Deseo de venganza, de muerte, de honor y de gloria: todo se le mezcla en este momento. Y la fuerza extraordinaria que demuestra la saca de una nueva ira, que ya no es la *mênis* lenta y calculadora, sino el estallido de cólera furiosa que en griego suele recibir el nombre de *khólos*, y que lo llevará a matar a Héctor, a arrastrar su cuerpo para desfigurarlo, a degollar a doce muchachos troyanos delante de la pira del amigo muerto. Nada puede detenerlo. Constatación segunda: la ira da más fuerza que ninguna otra pasión.

Aquiles obstinadamente retirado en la tienda, Aquiles que lo destruye todo como un loco: la *Ilíada* se pliega alrededor de estas dos formas de ira.

La ira-*mênis* paralizaba; en la tienda, Aquiles tocaba la cítara y cavilaba incesantemente sobre su dolor. Todas las relaciones jerárquicas que le habían parecido obvias ahora se revelaban falsas. La *mênis* lo situaba a cierta distancia del mundo, a esa distancia que nos hace ver pequeñas las cosas, pero que no es tan grande como para que podamos olvidarlo todo y comenzar una vida nueva.

Si la ira-*mênis* podía retirarse y calcular y deprimirse incluso, la ira-*khólos* es toda acción y violencia: busca el contacto del cuerpo y de la sangre, se complace en mutilar cadáveres y matar inocentes, es una fuerza que se despliega por sí sola, sin razonamientos ni memoria. Cuando el guerrero se enfurece, está fuera de sí porque todo él es la lanza que vuela, la espada que se clava, los pies que persiguen al enemigo. Ante su armadura nueva, obra de un dios, a Aquiles se le llena el corazón de *khólos* y los ojos le llamean.

La *Ilíada* explora estos dos extremos: el no destructivo de la ira-*mênis* y el sí igualmente destructivo de la ira-*khólos*. Pero no se trata de movimientos nihilistas. Sea cual sea la forma que adopte, la ira surge de la preocupación intensa por algo, de la identificación con alguien o de una manera concreta de entender el mundo. Aquiles estalla porque ve tambalearse los principios más básicos o porque le matan a su amigo más amado. Con la ira quiere restaurar el equilibrio del mundo a costa de sufrimientos; como ama ciertas cosas, necesita traer dolor a la tierra. Constatación tercera: sin un amor intenso, una preocupación profunda o una visión consolidada del mundo, no habría ira.

En la *Ilíada* este ímpetu es cosa de hombres, pero en algunas zonas de la mitología griega hay mujeres que parecen representaciones arquetípicas de esta pasión. Las encontramos en los márgenes, como si conviniese mantenerlas lejos. Uno de los ejemplos más conocidos es Medea, bruja y extranjera, que mata a sus hijos cuando su marido la traiciona. Pero hay otro caso, aún más excepcional, que bordea lo absurdo: la monstruosa Medusa, con la cabeza cubierta de un revoltijo de serpientes enroscadas, grandes colmillos de jabalí, manos de bronce, alas de oro y unos ojos que convierten en piedra a todo aquel que la mira. Viviendo en los confines del mundo, como si hiciese guardia entre la civilización y la destrucción, encarna un furor atrapado en sí mismo, alteridad pura, que no necesita de ninguna ofensa para estallar.

Entre la *Ilíada* y estos mitos se dibujan dos peligros extremos: un resentimiento aferrado al pasado que no para de meditar la ofensa padecida y acaba pudriéndolo todo, una furia que ya no recuerda ni por qué comenzó.

El poema mismo presenta una superación de estas iras. Al final, Aquiles, todavía desolado y lleno de cólera, pasa las noches en blanco y cada mañana ata el cadáver de Héctor al carro y lo arrastra tres veces alrededor del túmulo de Patroclo. Al decimosegundo día los dioses dicen basta. El rey de Troya, Príamo, padre de Héctor, protegido por Zeus, entra de noche en el campamento aqueo, agarra a Aquiles por las rodillas en señal de súplica y le besa las manos, aquellas mismas manos que han dado muerte a sus hijos; le pide que recuerde a su padre, que también es viejo, y que le devuelva el cuerpo de Héctor. Y entonces lloran los dos a una, cada cual por lo suyo, pero comprendiéndose: el uno por el hijo muerto, el otro por el padre viejo y por el compañero caído. Y finalmente Aquiles, deshaciéndose ya de la cólera, devuelve el cuerpo a Príamo y le concede todos los días de tregua que pide. Los quince mil versos sobre la ira acaban con una de las escenas más memorables que se hayan compuesto nunca sobre la piedad. Ahora podríamos hacer una cuarta constatación: llorar como el otro, poner el dolor propio y el dolor ajeno uno al lado del otro, detiene la ira. Pero fijémonos en que aquí la piedad llega al final de todo, cuando los sufrimientos de cada uno se han equilibrado y ya no queda nada por destruir.

III

APLASTAR A LA BESTIA

El poeta de la *Ilíada*, que hace de médium de la Musa, no se entretiene moralizando: muestra los choques concretos, las pasiones que se apoderan de los mortales, los desenlaces terribles. Pero los antiguos se pusieron muy pronto a elaborar teorías morales sobre la ira. Heráclito alertó de que es difícil luchar contra el *thymós,* contra la impulsividad que tenemos dentro y que nos puede someter el alma. En los primeros siglos de la historia de Grecia se formó la idea de la verticalidad interior del hombre. En lo alto del todo estaba la razón, el alma, el pensamiento; abajo del todo, las pulsiones y las malas costumbres. Platón escribió que el hombre era más fuerte que él mismo: podía dominar sus impulsos más bajos. La primera estética establecía, dentro del ser humano, un duelo de lo que es superior contra lo que es inferior. La filosofía antigua era este duelo: a través de una sucesión de ejercicios vitales, aspiraba a subyugar los embates inferiores y elevar la vida hacia las regiones más puras.

Así, el individuo se concebía por analogía con la comunidad política. La razón tenía que dominar los impulsos más bajos del mismo modo que un gobierno aristocrático sometía a las multitudes desordenadas. En ambos casos, la claridad del orden se encontraba en el poder duradero de arriba; la confusión, en los elementos imprevisibles de abajo. Ninguna insurrección pasional tenía derecho a hacer tambalearse el gobierno de la razón. Ética vertical, política vertical. La lucha contra las pasiones era la lucha de la razón contra el caos.

Los estoicos se lucieron en este combate. Imaginaron una aristocracia del espíritu liberada de pasiones. Su sabio ideal era una fría inteligencia imperturbable que no se irritaba, no se enamoraba, no se deprimía. Veían las pasiones como impurezas que ensuciaban al individuo, bandazos que le hacían perder el autodominio; así, para llegar a ser él mismo, el filósofo debía librarse de ellas; una vez suprimidas las pasiones, su razón individual se identificaba con la razón universal.

Y entre los movimientos turbios de abajo del todo, más amenazadora que ninguna otra cosa para el dominio de la claridad, se agitaba la ira. En el tratado más célebre sobre la cuestión, *De la ira*, el estoico romano Séneca proclamaba que esta pasión era la más «aborrecible y rabiosa». El individuo airado se vuelve feo, y su deformidad física no es nada más que un reflejo de la deformidad de su espíritu. Los ojos inflamados, la cara enrojecida por la sangre, el temblor de los labios, los berridos, los golpes con las manos y los pies, todas estas señales del hombre «descompuesto e hinchado» hacen de la ira un desorden imposible de esconder. A diferencia de los vicios secretos, la ira es una manifestación palmaria de la pérdida del autodominio, y desde el descubrimiento de la ética vertical perderse a uno mismo es lo peor que le puede suceder a cualquiera que aspire a la sabiduría.

Lo más extraño de la ira, sin embargo, es que no se puede afirmar que sea una pasión totalmente desvinculada de la razón o de la justicia. Séneca la definía como un deseo de castigar un agravio que hemos sufrido, o como una excitación del alma ante el castigo, voluntaria y deliberada, y veía en ello una sucesión de tres movimientos. El primero es una mera reacción involuntaria ante una amenaza o una ofensa. El segundo implica el juicio: hace aparecer la idea de que tengo que vengarme porque me han ofendido. El tercero hunde en el desorden: quiere castigar a toda costa, al margen de la razón y de la utilidad; es un ímpetu ciego y destructivo fundamentado en un sentimiento de justicia. El problema no es el deseo de venganza en sí mismo; el problema es que el deseo invierte la jerarquía interior: los impulsos furiosos acaban dominando la razón. La ira es como una revolución que nace de un bello ideal y acaba con una carnicería.

En el fondo de esta teoría se encuentra la convicción de que el estado de excitación es antinatural. Para Séneca, el ser humano es suave de nacimiento y tiene una vocación innata de ayudar y asociarse con los demás. Eliminar la ira es volver a la naturalidad humana. Cualquier rastro furioso te arrastra y te hace rodar pendiente del vicio abajo. Por eso Séneca considera más fácil suprimir las pasiones perniciosas que gobernarlas. Como la ira es una pasión compuesta que «pasa por el alma», es decir, que necesita de la intervención del juicio, el remedio es intervenir en el momento en que se forma la idea de que hay que vengar la ofensa. Así se cierra el paso al tercer movimiento, a la furia desordenada que quiere devolver mal por mal sea como sea.

La ética vertical antigua inventó toda clase de ejercicios mentales para intervenir en el momento justo y ahogar los estallidos de ira. Son ideas que después nutrieron la literatura cristiana y, finalmente, los libros de autoayuda. Hago una lista abreviada; cada cual valorará si le resultan útiles.

El primer remedio es diferir; si nos explican la ofensa, hay que hacer oídos sordos y ponerla en duda; hay que defender la causa del ausente contra uno mismo, ignorar las sospechas y las conjeturas. El segundo es relativizar: la inmensa mayoría de nuestros problemas —Séneca piensa sobre todo en los esclavos que no sirven del todo bien— son insignificantes y no merecen nuestra exasperación. Tercer remedio: conviene pensar que es una locura irritarse contra las cosas desprovistas de voluntad y contra los seres que no tienen desarrollada la razón, como los niños, porque no pretenden ofendernos. Cuarto: hay que pensar que nadie está limpio de culpa, que nosotros hemos cometido tantas faltas como los demás, que no somos mejores que nadie; cuando la ira asoma la cabeza contra alguien tenemos que decirnos: «Yo también lo he hecho.» Hay que recordar siempre que la tierra está llena de dolores y cosas asquerosas, que es un «domicilio pestilente», y el mal que nos llega es inevitable y previsible. Y quinto: tenemos que ponernos en el lugar del otro, comprender sus limitaciones y dificultades, pensar que, si nos ha faltado al respeto o no nos ha servido como queríamos, debe de ser porque ha sufrido injusticias que le han hecho perder la dulzura humana natural.

Pero tal vez los remedios más eficaces son los que hacen arrumacos al amor propio: cuando comenzamos a hervir de indignación, tenemos que pensar que las grandes almas menosprecian las injurias; como una fiera poderosa, hay que escuchar con indiferencia los ladridos de los perrillos. Tenemos que pensar también en el prestigio del perdón y la clemencia: ofender es cosa de débiles, retirarse de la ira es actuar como un vencedor.

Y finalmente ligar el amor propio a nuestro sentido estético. Tenemos que contemplar en el espejo la fealdad de nuestra cara alterada por la ira; nuestro aspecto de monstruo infernal, de Medusa con serpientes y mirada petrificante. Ninguna pasión nos desfigura tanto. Si nos abstenemos de la ira, apostamos por la belleza.

A fuerza de meditaciones como estas, el estoico se iba haciendo el alma dura e independiente como una roca; una vez examinado y relativizado todo, quedaba un yo que se poseía completamente a sí mismo, libre de miedos, engaños y orgullos, un yo mínimo e íntegro que no necesitaba nada más que saberse imperturbable, una miga de razón universal envuelta en una capa de carne. No se sabe muy bien por qué motivo continuaba viviendo este yo sin pasiones; de hecho, los estoicos siempre defendieron la legitimidad del suicidio.

※

¿El deseo impetuoso de castigar, de devolver mal por mal, no puede tener justificación ninguna? Para Séneca, el problema no es el castigo en sí, sino la falta de reflexión y autodominio. Un castigo puede ser útil, pero tiene que ser «sereno y razonable». Séneca no duda en ningún momento de que los «caracteres depravados por el vicio» se puedan corregir «con penas de cuerpo y alma». Ningún trato le parece demasiado duro si tiene un «efecto saludable»; la pena capital incluso le resulta aceptable si la muerte es un beneficio para el propio delincuente y para la comunidad. El juez sabio no envía al condenado al patíbulo con placer, para satisfacer un deseo descontrolado de venganza; si lo somete al deshonor público es para que su ejemplo sirva de «escarmiento a todos». En su sentencia hay cálculo frío, valoración de las ventajas y los inconvenientes. Justamente porque mantiene la jerarquía interior natural con la razón en lo alto, el castigo sereno es más eficaz que la reacción airada.

Pero la fuerza que surge de la ira, ¿no puede tener ninguna utilidad? La exaltación, el acicate de la rabia, decían algunos, eran necesarios en la guerra. Los héroes homéricos no serían nada sin el *thymós*, sin ese momento de descontrol que los hace gozar de la sangre que derraman porque es sangre enemiga. Séneca niega con la cabeza: el coraje guerrero no necesita nunca del vicio. Nada que sea desenfrenado y salvaje hará más fuerte al soldado.

Pero ¿no es posible aprovechar esta revuelta en un sentido positivo? ¿La ira no es necesaria contra los agresores? Séneca vuelve a decir que no: precisamente en una guerra hace falta que los impulsos sean moderados y obedientes. Pero entonces se le presentan imágenes concretas. Los bárbaros, tan vigorosos y resistentes a la fatiga. ¿No les resulta útil la ira contra los romanos? No, repite Séneca; la razón es más fuerte que la irritación; hay que actuar como el cazador que espera serenamente a la fiera; los más excitados se ponen temerariamente en manos del adversario; la ira es su propia ruina. Pero entonces al filósofo le viene a la mente el pueblo germánico, que parece echarle abajo la teoría. Los germánicos son valerosos, ardorosos, belicosos, incansables; la ira les ha servido para expulsar a los romanos de sus tierras; es a la ira, parece, a lo que deben la libertad. Entonces Séneca hace un razonamiento que revela hasta qué punto aquella jerarquía interior de la razón y las pasiones refleja una jerarquía política exterior. Fijaos en los romanos, dice: frenan, retrasan, dejan a un lado el resentimiento y la venganza, calculan lentamente, son previsores, y gracias a este talante desprovisto de ira han levantado un imperio. La ferocidad germánica no conseguirá nunca hacer nada parecido.

Y aquí, a pesar de su estoicismo, Séneca reconoce un punto capital: la ira puede tener una utilidad defensiva, para preservar la libertad, a la hora de expulsar a un poder invasor, pero no sirve para construir un dominio extenso y complejo, que necesita de la razón serena.

Hacia 1800, cuando se formaba el nacionalismo alemán, esa imagen de los germánicos furiosos fascinó a algunos escritores. El dramaturgo prusiano Heinrich von Kleist veía en ello el carácter ideal para defender la libertad ante la burocracia deshumanizadora y para echar a los invasores franceses. Imaginaba a soldados alemanes que luchaban contra Napoleón con la ira salvaje de los viejos germánicos, soñaba cadáveres enemigos amontonados que desviaban el curso del Rin. Esta exaltación de la violencia impulsiva, diréis, tenía que conducir directamente al nacionalsocialismo. Pero justamente los nazis aprendieron la lección de Séneca: los campos de exterminio no son un puñetazo airado sobre la mesa, sino el resultado de un cálculo frío y meticuloso, fundamentado en la ciencia y la burocracia, que elimina de la manera más perfecta. Los nazis practicaron la impasibilidad estoica; de lo contrario no habrían podido crear un sistema general de aniquilación en el que los implicados colaboraban disciplinadamente. Ya decía Séneca que el castigo de la razón era más eficaz que el de la ira.

Y ante las chaladuras destructivas de la razón, aquella ira paradójica que nos hace perder el autodominio pero surge de un sentimiento de justicia, ¿no puede ser la reacción más razonable? En la ira, ¿no hay también un sentimiento noble. ¿No puede ser una manifestación sublime de nuestra indignación moral? ¿No puede ser la manera más potente y segura de decir no a las barbaries del cálculo frío?

La filosofía antigua misma expresó dudas de este tipo. Aristóteles no admiraba a los insensibles que no sienten nada ni por nada se afligen; pasar por alto afrentas contra uno mismo o contra los propios familiares le parecía una vileza. Como es habitual en su ética, consideraba que entre la indolencia y la iracundia desaforada tenía que haber un término medio, una ira buena que se enfurece por los motivos correctos, contra las personas que se lo merecen, de la manera adecuada y en el momento necesario. El problema es que, más allá de la delimitación abstracta, resulta muy difícil saber dónde se encuentra dicho término medio. Tal y como reconocía el propio Aristóteles, aquí no se puede establecer ningún criterio general: el juicio que hacemos siempre dependerá de la situación concreta. Pero todavía hay una dificultad mayor. La ira es una emoción explosiva que se apodera de nosotros en un santiamén; cuando se abate sobre nosotros con su juicio hecho y su furor perturbador, ¿nos escuchará acaso si nos ponemos a sermonearla sobre términos medios?

IV

LA PASIÓN DEL FIN DEL MUNDO

Es una escena que ha obsesionado la imaginación de los cristianos durante siglos. El mundo se tambaleará y se volverá ceniza, y Dios comparecerá como un juez para examinarlo todo; una trompeta hará levantarse a los muertos y los convocará ante su trono. Entonces el Altísimo sacará un libro que lo contendrá todo, nuestras faltas y nuestros deseos, todos los pensamientos malvados que hemos tenido, todos los instantes de pesadumbre y arrepentimiento, los nombres de todas las personas a las que hemos fallado. Y con este libro universal Dios juzgará el mundo. Majestad espantosa, juez de venganzas, hará salir a la luz todas las cosas ocultas. Dios dividirá la humanidad: a la derecha los que se tienen que salvar, a la izquierda los condenados a las llamas. Los reos, retorciéndose, suplicarán piedad para no ir a parar al fuego eterno. Es así como el cristianismo ha imaginado durante siglos el día del Juicio Final, el día del castigo que, según san Pablo, llegará como un ladrón en plena noche, como los dolores a la mujer embarazada. El himno más célebre sobre este día, atribuido a Tomás de Celano, discípulo de san Francisco de Asís, lo denomina «Dies iræ», el día de la ira.

Es una ira única, absoluta, que viene a hacer la criba definitiva. Es tan extrema que resulta muy útil para comprender esta pasión. En Dios coinciden el poder, el conocimiento y la justicia. Como sostenía Ramon Llull, en la sustancia divina estos tres principios se pueden convertir los unos en los otros, porque forman una misma esencia. La justicia divina, el poder absoluto y el conocimiento total se aplican, se despliegan y se materializan simultáneamente. En el ser supremo se pone de manifiesto que la justicia es una forma de poder, como también lo es el conocimiento. Y la ira es la sublevación de la justicia y el poder y el conocimiento contra todo lo que no encaja, contra todo lo que constituye una degradación o un desorden; en resumidas cuentas, es una sublevación de la razón divina contra el caos en la tierra.

IV LA PASIÓN DEL FIN DEL MUNDO

Desde el principio de la historia bíblica vemos anuncios y manifestaciones de esta ira. Ya en el paraíso, cuando la serpiente seduce a la mujer, y la mujer y el hombre infringen la orden divina de no comer del árbol del conocimiento, Dios se enfurece y condena a la serpiente a arrastrarse y al hombre y a la mujer a vivir con dolor. Es un Dios celoso de su posición que se dice a sí mismo: «El hombre se ha vuelto como uno de nosotros», y por eso lo expulsa del Edén.

Pero enseguida se muestran otras caras de la divinidad. Dios separa las aguas del mar Rojo con un viento fortísimo, los israelitas lo atraviesan, acto seguido las aguas ahogan al ejército egipcio que los perseguía. Y entonces Moisés entona un cántico para celebrar la victoria del Señor; lo exalta como un gran guerrero y proclama: «Tu grandeza ha derrocado a los adversarios. | Tu ira se encrespa | y los consume como paja.» Aquí se alza un dios guerrero del desierto que se enfrenta a los dioses oficiales egipcios; un dios que favorece la victoria sorprendente de los inferiores. Su ira es una defensa apasionada y violenta de los oprimidos.

Cuando los israelitas pervierten el derecho, pisotean a los débiles, arruinan a los campesinos, abusan de las mujeres y profanan el nombre del Señor, Yahvé se alza furioso contra ellos y les envía un ejército enemigo que los arrasa. «Habrá lamentos por las calles, | se gritarán ayes por todas las plazas. | Convocarán al duelo a la gente del campo, | y a dolerse, a las plañideras de oficio», le hace decir el profeta Amós. Esto será el «día del Señor». Según otro profeta, Sofonías, «ese día será de indignación, | día de trance y congoja, | día de destrucción y de ruina. | Será un día de oscuridad y tiniebla, | un día de negros nubarrones.» Cuando Israel es destruido y sus habitantes deportados, todo tiene sentido gracias a la idea de la ira divina. Porque esta ira viene a decir que las desgracias no son gratuitas ni azarosas; que cuando un individuo o una comunidad se dejan conducir a la decadencia lo pagan tarde o temprano. Pero en los profetas la ira todavía tiene otro significado: si Yahvé extermina Israel sin piedad es porque tiene una relación íntima con su pueblo y se preocupa de él más que de cualquier otro.

Y este rasgo no es exclusivo del Dios de los profetas o del Antiguo Testamento. Jesús también se llena de ira contra los rabinos que tienen el corazón endurecido de tanto idolatrar los preceptos escritos y expulsa a los mercaderes que ensucian el templo. A pesar de la tradición cristiana posterior de ver la ira como un pecado, resulta evidente que también es un atributo divino y algunos personajes extraordinarios participan de ella. Pero la ira absolutamente unitaria del temible día del Señor —justicia, poder, conocimiento— solo la vemos en las figuraciones de Dios. En los humanos ya la encontramos rota en diversas formas parciales y problemáticas.

❧

La primera forma parcial es la vinculación exclusiva de la ira y el poder, a riesgo de perder la justicia y el conocimiento.

Para los filósofos estoicos, la ira era un afecto digno de estudio porque representaba lo contrario de la sabiduría. Veían al hombre como a un animal capaz de dominarse racionalmente a sí mismo y el autodominio como una capacidad indispensable del filósofo; la ataraxia, la imperturbabilidad del sabio, era un estado invulnerable a las pasiones propias y a las de los demás. Por eso la ira era un cataclismo: el hombre airado pierde el autodominio, deja de ser superior a sí mismo y queda a merced de una pasión violenta. Airarse es desapoderarse; reprimirse la ira es señal de poder sobre uno mismo y sobre el mundo.

Pero, en cambio, los estallidos de ira son una marca típica del poderoso: de Dios, del gobernante, del directivo. Un caso interesante es el del actual presidente de los Estados Unidos, Donald Trump. En sus tuits repletos de mayúsculas y de signos de exclamación vemos un hombre auténticamente colérico. Hasta ahora, el momento más espectacular se dio el 23 de julio del 2018, cuando se dirigió al presidente de Irán, Hassan Rouhani, literalmente con estas palabras:

> «NEVER, EVER THREATEN THE UNITED STATES AGAIN OR YOU WILL SUFFER CONSEQUENCES THE LIKES OF WHICH FEW THROUGHOUT HISTORY HAVE EVER SUFFERED BEFORE. WE ARE NO LONGER A COUNTRY THAT WILL STAND FOR YOUR DEMENTED WORDS OF VIOLENCE & DEATH. BE CAUTIOUS!»

'No vuelvas a amenazar jamás a los Estados Unidos o sufrirás unas consecuencias como muy pocos las han sufrido a lo largo de la historia. Ya no somos un país que vaya a respaldar tus palabras demenciales de violencia y muerte. ¡Ve con cuidado!'

Las mayúsculas son como gritos o como puñetazos sobre la mesa y evocan imágenes de bombas atómicas y exterminios. Dos meses más tarde tuiteó: «Despite requests, I have no plans to meet Iranian President Hassan Rouhani. Maybe someday in the future. I am sure he is an absolutely lovely man!» ('A pesar de las peticiones, no tengo previsto reunirme con el presidente iraní Hassan Rouhani. Tal vez algún día, más adelante. ¡Estoy seguro de que es un hombre encantador!') En tuits como este creemos ver al hombre real, el hombre desprovisto de autodominio, caprichoso, inconsecuente, un Donald Trump iracundo y después sorprendentemente calmado y amable, solo a dos segundos de volver a estallar. Pero es extraña, esta sensación: a fin de cuentas, nada tendría que pasar por más filtros que los mensajes públicos del presidente de los Estados Unidos de Norteamérica. El éxito de los tuits de Trump se debe también a la sensación de que no han pasado ningún filtro, que detrás no hay ninguna reflexión sólida, que han salido directamente de su móvil en un momento de furia auténtica. Y esta furia nos dice que un hombre que hace esto es peligroso y tiene que darnos miedo.

Nos podemos preguntar si estos tuits provienen de la ira real de un hombre concreto; sí que sabemos con seguridad que la escenificación que hacen de la ira es una técnica del poder. Pocas cosas transmiten con más fuerza la idea de dominio desmesurado que ver que alguien puede ignorar sus filtros, las precauciones y las convenciones sociales. El directivo levanta la voz, ataca personalmente a un subordinado, golpea en la mesa; intimida, amenaza sin decirlo; la ira refuerza su superioridad. Hay quien ha hecho de esta clase de escenificaciones un arte; las escuelas de liderazgo y gestión quieren enseñar a utilizarlas de la manera más eficaz. Diríamos que el poder necesita la capacidad ostentadora de la ira para exhibirse, como ya insinuó san Pablo en uno de sus pensamientos tenebrosos: el Dios alfarero creó estas vasijas defectuosas que merecen la ira —los hombres malvados— a fin de poder castigarlos y de demostrar plenamente su gloria, que derramará en las «vasijas de la misericordia», los buenos cristianos.

IV LA PASIÓN DEL FIN DEL MUNDO

Cuando ira y poder se juntan puede resultar una embriaguez peligrosa. A los estoicos les encantaba contar una historia sobre esto. Había una vez un tirano de la Magna Grecia que hizo detener a un filósofo que había conspirado contra él y lo torturó para que revelase los nombres de sus cómplices. El prisionero nombró a todos los amigos y aduladores del gobernante. Enfurecido, el tirano los fue matando a uno detrás de otro, y al acabar preguntó al sabio si quedaba alguno. El filósofo le respondió: «Solo tú.» Las paranoias del poderoso siempre se pueden utilizar en su contra.

La ira como técnica eficaz del poder no está al alcance de todos. Uno de los riesgos de las reacciones airadas es que te encasillen en un estereotipo. El más típico es el de la mujer histérica, o todavía más despectivamente, el de la madre histérica. Como se ve en Homero, desde el principio la ira va fuertemente ligada a la masculinidad; es como si las mujeres no pudieran indignarse o no hiciera falta tomárselas en serio cuando se indignan. Para esto sirve el estereotipo de la madre histérica: ha perdido el mundo de vista, no hace falta prestarle atención, podemos incluso reírnos de ella un poco. El estereotipo desactiva la fuerza de la ira y ridiculiza el origen de la preocupación. Este mecanismo revela que airarse también es una especie de privilegio: no a todos les reconocemos el derecho a ello. Un dios, un héroe homérico, un directivo de una empresa: en estos casos la ira forma parte de su esencia, los ayuda a desplegar su fuerza o su poder. A una mujer, un subordinado o un pordiosero: a menudo, cuando montan en cólera, la gente los mira con desprecio o indiferencia.

Por eso, la ira eficaz no se deja encasillar. Puede ser todo un arte: modelar la reacción previsible para transformarla en otra cosa; desviar las ganas de pegar un grito agudo hacia otra respuesta, por ejemplo hacia una prosodia lenta, tensa y cargada de furia. La fuerza de la ira es demasiado grande como para renunciar a ella. Es peligroso y contraproducente reprimirla, porque la ira surge de una preocupación honda y real, de una relación intensa con una cosa que nos toca muy de cerca; reprimir esto es como cortar nuestra relación con el mundo. Pero para que esta preocupación pueda manifestarse plenamente, para que podamos montar en cólera y nuestra ira sea reconocida como tal, es necesario esquivar el peligro de que nos ridiculicen, o bien, si esto ya ha sucedido, intensificar la ira para frenar las ridiculizaciones a través del miedo.

El peligro del estereotipo también amenaza a los hombres poderosos, a los irascibles típicos. Si un directivo se enfada demasiado a menudo, aunque los subordinados lo temamos, no tardará en ser considerado un majara. Sus indignaciones pronto parecerán neuras dignas de compasión. Los inferiores sabrán que los gritos y los puñetazos en la mesa son su reacción habitual; quizás les dará miedo, pero cada vez los afectará menos, y un día incluso le plantarán cara, porque no sale a cuenta ser serviles ante un desequilibrado.

※

El Dios enfurecido de Moisés defendía a los oprimidos contra los ejércitos faraónicos. De la misma manera que puede ser un instrumento del poderoso, en la huida de Egipto la ira se revelaba como una pasión favorable a los subalternos. Esta es la posibilidad que los estoicos no querían ver, aun cuando se podía desprender de su teoría: si la ira tiene un momento que requiere de un juicio moral sobre una ofensa padecida o presenciada, quiere decir que su base no es un simple desorden pasional, sino un noble sentimiento de justicia. Ante un mundo cruel, el individuo iracundo reivindica un orden justo; su indignación es una rebelión del sentimiento de justicia contra el abuso de poder.

En el amplio estudio filosófico *Ira y tiempo*, Peter Sloterdijk ha descrito la Modernidad como una época en la que unas organizaciones revolucionarias rigurosamente jerárquicas acumularon y dirigieron la ira hacia acciones políticas de una envergadura inaudita. Hoy parece que predomina una emoción política similar, pero dispersa y desprovista de fe utópica. Es la ira de quienes se sienten estafados por la retórica ilustrada de los Estados, por el uso cínico de los mitos del progreso y de la neutralidad estatal, y han llegado a la conclusión de que las instituciones solo sirven para favorecer al grupo nacional o social dominante. Por eso esta ira es, en realidad, el estallido de las promesas modernas de justicia y libertad contra el Estado como mero aparato de poder y represión. Las revueltas que vemos en las calles de medio mundo, los días de ira del presente con fuego y violencia, hacen descender a la tierra el furor con el que el Dios de Moisés se alzaba contra los opresores. Quemar contenedores es imitar a Dios —con los instrumentos de la impotencia humana.

Contra estos estallidos de indignación se rearma la retórica ilustrada del Estado. Los grandes medios de comunicación enarbolan la idea de que la civilización es una forma de pacificación, de que los violentos son seres primitivos y que hay cosas que ya no pasan o no tendrían que pasar entre nosotros. Y la ira se presenta como una esclava de la animalidad o de la barbarie que tendríamos que haber dejado atrás.

También en esto, la ira va al fondo de nuestro mundo. En parte, el rechazo de esta pasión viene de la visión de la violencia que se ha difundido en los países modernizados. Con la expansión de la maquinaria estatal, todos han asumido silenciosamente que es al Estado a quien corresponde la única violencia legítima. Fuera de este monopolio, el mismo Estado exige la condena de toda forma de violencia, y los medios de comunicación amplifican este mensaje, y los ciudadanos lo hacemos nuestro y lo repetimos con la sensación de contribuir al progreso de la humanidad. De verdad llegamos a creernos que toda violencia que no sea ejercida por el Estado es inmoral. Esta ilusión es el triunfo de la maquinaria del Estado. Y digo ilusión porque es evidente que no concuerda con la experiencia íntima de nadie: si viese en peligro a un hijo, a una madre, a un hermano, ¿quién renunciaría al uso de la violencia para salvarlos? Si no hubiese más remedio y el miedo no nos paralizase, no consideraríamos nunca inmoral que se ejerciese violencia en una situación de este tipo. Alguien, el más heroico, se serviría de ella incluso para defender a un desconocido. Se podría decir que esta violencia es moral porque no choca con el Estado; que es moral por su legalidad y porque es defensiva y no contradice el monopolio estatal de la violencia. Pero, en realidad, si un agente de policía comete una agresión injustificada, la violencia que se emplee para pararlo, por más ilegal que sea, será considerada inmoral por cualquier persona razonable, dejando de lado ahora consideraciones sobre prudencia y estrategia. Si creemos candorosamente que la única violencia legítima es la del Estado, quedamos totalmente expuestos al autoritarismo. Los estallidos de ira nos ponen esta verdad delante de los ojos.

Otra cosa es que toda la violencia sea traumática. Hasta la que ejercemos nosotros y que nos parece moral. Un individuo tenso, con la mirada penetrante, con toda su fuerza dirigida contra otra persona, el dolor tanto de quien pega como de quien recibe: todo esto deja una huella profunda; crea una extraña sensación de dislocación, de perderse en el tiempo; hay agresiones que provocan amnesia en el agresor y en la víctima, pero los atormentan por dentro a ambos. Si los arranques de ira nos resultan perturbadores, es también porque nos recuerdan esto. Y nos lo recuerdan aunque no se llegue a ningún tipo de violencia efectiva: con el acto de levantar la voz o la mano, o incluso con la simple voluntad de hacerlo, ya basta para intuir la naturaleza traumática de la violencia. La ira nos lleva con mucha más frecuencia a un simulacro de agresión que a una agresión real, aunque no hayamos llevado a cabo ningún ejercicio estoico. Es un aviso del cuerpo que nos ilustra sobre el funcionamiento del mundo.

Los arranques de ira son un rasgo antropomórfico de Yahvé. Una de las palabras hebreas que designan esta reacción, *'af*, significa primariamente 'fosas nasales'; cuando se enfurece, Dios es un señor que resopla por la nariz; otra palabra, *za'am*, evoca la espuma que le sale por la boca. Este comportamiento no cuadra demasiado a la divinidad que suelen imaginar los filósofos y los teólogos. Llull mismo, en algún momento, sospecha que Dios puede indignarse. Si la gloria sustancial en la que reposan todos los atributos divinos es una bondad infinita, ¿cómo puede estallar la ira? Para el mallorquín iluminado la ira turba todas las potencias del alma y mueve toda la sangre hacia el corazón; es una tiniebla de entendimiento donde todo se confunde: la memoria se convierte en olvido, el entender en ignorancia, la voluntad en cólera. En esta pasión las potencias del alma se trastocan, se vacían y al mismo tiempo quedan dominadas por una fuerza extraña. En cambio, en Dios los principios eternos (bondad, grandeza, duración, poder, sabiduría, etcétera) se pueden convertir siempre los unos en los otros en una especie de danza pacífica y metafísica. Por eso, Llull escribe que nadie puede estar más lejos de la ira que «aquel que es gloria y está hecho de gloria».

Visto así, la fuerza de la ira es una debilidad humana. En ninguna otra situación se confirma tan claramente como en la ira contra los inocentes, la más triste de todas. El padre pide al hijo, tan dulcemente como puede, que se ponga los zapatos. El niño se distrae con un trozo de papel chuchurrido. El padre mira el reloj: son las nueve menos cuarto, llegarán tarde al colegio y él a su importantísima reunión. Que se ponga los zapatos, le ordena. Respira hondo. El niño coge una ramita sucia que se encontró en la calle y se pone a rascarle la corteza. El padre repite la orden. La repite dos, tres veces más. Llega a repetirla diez o veinte veces, siempre suavemente, al final con una dulzura que casi es una súplica desesperada. Y por último el padre estalla y regaña a la criatura, quizás hasta lo zarandea, y el niño se asusta, se le humedecen los ojos y se pone los zapatos enseguida. La ira ha resultado más convincente que la paciencia; después de la rabieta, el padre se siente cruel e imponente.

En esta variante la justicia ya no desempeña ningún papel. Mientras el niño está en las nubes, el padre ve peligrar un compromiso laboral o una convención. La criatura no hace nada injusto ni hace ningún daño expresamente; no es nada más que un obstáculo entre el padre y su objetivo. No choca el sentimiento de justicia con el mal, sino la organización adulta de la vida con la criatura que está en Babia. Esta ira es una revuelta de las normas sociales contra la inocencia. Por eso el padre se siente culpable: porque, aunque sea siquiera en un plano profundo, ve contrapuestas sus servidumbres adultas y la capacidad infantil de perderse en el tiempo despojado de propósitos, y es como si hubiera lanzado una bomba en la paz de la luna de Valencia. Con cada estallido de ira, el padre empuja a la criatura hacia el mundo adulto (como, a fin de cuentas, tiene el deber de hacer), pero también le mata un poco la infancia. La ira, que siempre hace emerger una verdad, revela este momento básico de la experiencia de criar a un hijo.

Ante la inocencia, no podemos dejar de sospechar algún abismo. Cuando transforma una convicción o una simple expectativa planificada en un grito airado, la ira despoja nuestras pretensiones adultas. ¿Tiene sentido siquiera? ¿Son inútiles, los esfuerzos que hacemos? Esta potencia más fuerte que las ideas, que nos surge de dentro en un arranque, ¿no querrá decir que no somos poco más que una masa de nervios, sangre y huesos que se rebela antes de que podamos adornarla de palabras y razones? La ira, especialmente la ira que surge de la frustración ante la inocencia, deja a menudo esta sensación de desamparo y absurdez.

Hay una época que recoge muy bien este aspecto. En occitano y catalán medievales el término *ira* solía significar tristeza, abatimiento, incluso podía designar algo parecido a la depresión. En la poesía de Llull, la palabra va asociada a melancolías, desconsuelos, llanto y dolores. En su prosa leemos: «Ira es supitaño movimiento de voluntad que viene y está acompañado de tristeza», e «ira es triste pasión», e «ira es hábito que engendra tristicia y pasión contra deliberación de hacer bien y esquivar mal», y por eso, dice, «el hombre airado lo hace todo al albur de la fortuna», al azar, sin la articulación de un sentido. A pesar del movimiento social inicial, en esta ira dolorosa prevalece la impotencia, cercana a los pensamientos suicidas.

«Quien tiende a la ira —escribe Llull— más muerto está que vivo.» He aquí el efecto paralizador de la ira más profunda, que se protege del entorno cerrándose en la inacción. Es parecido a la sublevación rencorosa de Aquiles; el héroe griego también ve que se hunde un sistema de valores y dice que la guerra ya no tiene sentido y que prefiere morir viejo y anónimo.

Cuando Llull, tras intentar transformar el mundo con su sistema filosófico, se siente menospreciado y abocado al fracaso, lo domina una ira depresiva que surge del sentimiento más elevado, de la pasión por los principios eternos del orden divino. Por eso la ira tiene un estatus tan curioso en este pensador: forma parte del catálogo de los pecados capitales, pero al mismo tiempo nace de un impulso noble y se rebela contra la degradación de las comunidades humanas. En el poema *Lo desconhort* toma la palabra el personaje de Ramon; se aferra obstinadamente a su ira dolorosa, por más que un ermitaño se esfuerce en consolarlo; por último, en lugar de calmarse, consigue despertar la ira en aquel ermitaño que parecía tan satisfecho de sí mismo: hace que sea consciente del pecaminoso desorden terrenal y pase a la acción.

La ira apunta siempre a las junturas del mundo: a los puntos donde se arañan las aspiraciones y las realidades, la verdad y las costumbres convencionales, las normas sociales y la inocencia. Si van al fondo de las cosas es lógico que en las visiones del día del fin de los tiempos, cuando revienten las junturas del mundo y sea abolida la diferencia entre exterminio y restauración, la ira presida el espectáculo.

V

LA IRA AMIGA

Conocemos bien las degradaciones de la ira. Está el mal humor perpetuo de quienes viven enfadados con el mundo, que censuran todo lo que hacen los demás y les parece una ofensa imperdonable cualquier reproche que se les dirija. Está el resentimiento oscuro y autodestructivo que encadena a su víctima a un momento desagradable del pasado y la obliga a revivirlo una y otra vez. Está esa rabieta que estalla y después se da cuenta de que no era para tanto, pero persiste para que no parezca que se ha irritado sin motivo y acaba convertida en un furor que gira sobre sí mismo sin dirección. En estas formas, la ira ha perdido el ímpetu excepcional y conserva solo la sensación de agravio o bien ha quedado reducida a una irritabilidad que no cree en nada. Nos oprime, nos reconcome por dentro, nos amarga a nosotros y a los demás, encallándonos en una obstinación infecunda. Estas variantes degradadas no saben encontrar ninguna buena motivación y son incapaces de pegar un puñetazo en la mesa, y quizás es este su problema: que contienen demasiada poca ira.

Porque la ira tiene una fuerza enorme. Si a lo largo de la historia se la ha atribuido a los héroes épicos más extraordinarios y, en un grado extremo, al dios más poderoso de todos, es porque los hombres siempre la han percibido como una manifestación más que humana, incluso como una huella de poderes sobrenaturales. Hace estallar la razón que se rebela contra el caos, la justicia que se rebela contra el mal, el amor propio que protesta contra el menosprecio, las normas sociales que se protegen contra la inocencia. Y al mismo tiempo hace nacer en nosotros una potencia insospechada, con una determinación que puede pasar por encima de cualquier otra consideración. Justamente por su intensa radicalidad puede resultar peligrosa para nuestro equilibrio mental y para la integridad física de los demás. La ira es un don que tenemos, extraordinario y temible.

Dado que la tenemos, y que no la destruiremos nunca, y seguramente sería estúpido querer destruirla, es mejor que nos la hagamos amiga. Si no queremos que se degrade y nos degrade, le tenemos que mostrar respeto.

Eso es lo que hizo Esquilo en una de las tragedias más angustiosas de Grecia, *Las Euménides*, la pieza que cierra la trilogía de la *Orestíada*. La obra cuenta el final de un ciclo de venganzas: el rey Agamenón ha sacrificado a su hija Ifigenia para que los dioses le sean propicios, Clitemnestra ha asesinado a su marido Agamenón para vengar a su hija, Orestes ha asesinado a la madre de Clitemnestra y a su amante Egisto para vengar a su padre muerto. En cada caso encontramos injusticias que rascan la piel a contrapelo, la voluntad de castigarlas, la sangre derramada dentro de la familia; vemos la ira lenta y meditada que domina a los vengadores y acaba siempre con un estallido de violencia y con la exhibición orgullosa de los ajusticiados. Una vez puesta en marcha, la rueda de la sangre no deja de girar; por eso Orestes, aunque actúe por orden del dios Apolo, no puede descansar tranquilo después del matricidio. Así empiezan *Las Euménides*: una vez muerta Clitemnestra, Orestes ve a unas mujeres fantasmagóricas, vestidas de negro, con los ojos inyectados en sangre, «perras airadas» que lo persiguen y lo hacen volverse loco. Son las divinidades que vengan los crímenes de sangre, las Erinias, que significativamente los romanos llamaron Furias. El centro de la tragedia es un juicio entre dioses y hombres que tiene lugar en Atenas. Un tribunal de la ciudad democrática resolverá si Orestes ha de ser declarado inocente o culpable. Los miembros del tribunal votan, la diosa Atenea aporta su voto absolutorio y el resultado es un empate: no se puede condenar al matricida. Parece que esta decisión política tendría que detener la rueda de las venganzas y los derramamientos de sangre. Pero cuando las Erinias se enteran todavía se indignan más; proclaman que harán caer su ira contra la tierra ateniense y la envenenarán de crímenes. El furor justiciero amenaza con hundir y disgregar a la comunidad. Y entonces se llega a una extraña y delicada solución. Las Erinias no se calman hasta que la diosa Atenea les concede un lugar de culto en la ciudad: una cueva donde serán veneradas. Los atenienses les ofrecen sus respetos y en adelante las llamarán Euménides, que quiere decir

«Benévolas», para que les sean propicias. Allí, en la cueva, dormirá la buena ira, la ira amiga, con sus fuerzas intactas, sin degradarse; en la cueva descansarán las verdades demasiado fuertes como para estar expuestas siempre a la luz del día.

Esta es la solución de la ciudad democrática: aceptar la potencia sobrenatural de la ira, honrarla con rituales, confiar en que, cuando se despierte (porque seguro que se despierta), vendrá a protegernos y no a destruirnos.

Es la manera ancestral de acercarse a las cosas demasiado intensas y de volverlas favorables: representarlas y transformarlas en rituales. Es lo que han hecho siempre el arte, el juego, las competiciones regladas.

La ira es el caso más desconcertante porque cuesta controlarla. Cuando la representamos y la convertimos en ritual alargamos su duración, la acompañamos de pensamientos y modelamos su furor imprevisible; así podemos aprovechar su fuerza sin reprimirla. Para apropiarse del poder destructivo de Medusa, Perseo tuvo que mirarla reflejada en un espejo. La *Ilíada* impresiona por la precisión y la vehemencia con que representa la cólera en los discursos y en las batallas. Algunos de los momentos más sublimes de la literatura —solo hay que pensar en la primera escena de *El rey Lear*— plasman esta pasión.

La relación todavía es más íntima en el arte de mover el cuerpo. Desde siempre se han hecho danzas de desafío, que son escenificaciones del furor guerrero y de la ira, gestos entre la representación y el ritual. Exaltan la fuerza con pisotones en el suelo, palmadas en los muslos, rostros desencajados que echan para atrás, como en el haka maorí que se ha hecho célebre porque el equipo nacional de rugby de Nueva Zelanda lo baila antes de los partidos.

Algunos bailes urbanos también juegan con el ciclo del desafío, ofensa, estallido de fuerza. Un ejemplo sería el krump, nacido en los barrios negros y pobres de Los Ángeles hacia finales del milenio. En 1992, a raíz de la absolución de los agentes de policía que le habían dado una brutal paliza a un hombre afroamericano, Rodney King, estallaron tremendos altercados, con saqueos, casa quemadas, decenas de muertos y miles de heridos, que no se detuvieron hasta que el ejército tomó las calles. Es en este ambiente de militarización, discriminación y criminalidad donde crecieron los futuros bailarines krump. Este baile se suele presentar precisamente como una disciplina que aleja a los jóvenes de las drogas, la delincuencia y los callejones oscuros, es decir, de la violencia real. «Es la mejor alternativa a pegarle un tiro a alguien», le gusta decir a una de las virtuosas del baile, conocida como Miss Prissy. Toda la tensión del entorno ha pasado a los músculos: uno de los inspiradores del estilo, Thomas Johnson, alias Tommy the Clown, ha explicado que krumping es «cuando el cuerpo te hace un montón de movimientos raros»; «parece que luches en la tarima», es una especie de «intensidad».

En las competiciones se enfrentan dos contrincantes como si fuesen criminales de bandas enemigas; el primero se adelanta y baila a sacudidas, desafiante, provocando con gestos al otro, incluso; a lo mejor le tira la gorra, finge que le da un empujón, le baja los humos gesticulando. Pero no hace falta que lo toque: los movimientos convulsivos ya son en sí mismos una manera sofisticada de atacar, admirada por todo el corro de espectadores. Cada ronda es un *crescendo*: primero poco a poco, luego más deprisa, finalmente un paroxismo de gestos que parecen espasmódicos y son absolutamente virtuosos. Y cuando el bailarín hace gala de sus habilidades más increíbles, el público salta a su lado y se pone a bailar con él, en un estallido de furor colectivo. Después la gente se retira y comienza el turno del otro bailarín, que continúa el combate. Parece que vayan a acabar a puñetazos, pero no: al final los competidores se abrazan, felicitándose por la belleza en la que cada cual ha sabido convertir la ira o con la que ha sabido representarla. Los bailarines suelen ir con la cara pintada: son ellos y no son ellos, se dominan y se abandonan, tienen dentro las rabias de cada día y las transforman. Surgido de un entorno de marginalidad y luchas entre bandas, este arte celebra la fortaleza de sobrevivir entre peligros, de aprovechar las potencias humanas más peligrosas para convertirlas en un juego elevador y un acto de afirmación y sociabilidad. La fuerza del espectáculo se nutre de la potencia de la ira.

Representar el descontrol ya es una manera de amansarlo. El ritual acompaña a la ira y dirige su fuerza. Es como convivir con una bestia majestuosa que te puede matar y te puede servir; por más que intentes domarla no dejará de ser una bestia, pero si la tratas con suficiente reverencia será tu espíritu protector.

Más allá de ansias vengativas, podrá darte la fuerza de decir un no incontestable a los compromisos degradantes, de rechazar la colaboración con la mediocridad o con el mal; la fuerza de cambiar el punto de vista, de rechazar el código del entorno para afirmarte en lo que vale la pena, de hacer recular una violencia que te amenaza.

La ira nos puede desquiciar y fortalecer, nos puede librar de vivir una vida sumisa o de repetir una versión rebajada de las vidas de los demás. Pero la bestia nunca se puede dominar del todo. La tenemos siempre muy cerca, en la cueva, medio dormida. Hemos de bajar con frecuencia, para presentarle nuestros respetos, y tener confianza.